AF221075

Danzig
lieben lernen

Der perfekte Reiseführer für einen unvergesslichen Aufenthalt in Danzig inkl. Insider-Tipps, Tipps zum Geldsparen und Packliste

Chiara Leopold

✈ INHALT

Was erwartet Sie in diesem Buch?

Als ich neulich mit meinen Freunden einen Urlaub planen wollte, wurde mir nur allzu schnell wieder klar, wie schwierig und langwierig so eine Urlaubsplanung doch sein kann. Die eine will das, der andere das, und spätestens, wenn es um die Wahl eines geeigneten Restaurants geht, scheiden sich die Geister. Deshalb habe ich für Sie, basierend auf meinen Erfahrungen vor Ort, einen Urlaubsplaner für das bezaubernde Danzig geschrieben, der alle Planungssorgen und Streitigkeiten obsolet werden lässt. Mit Sicherheit ist Danzig nicht der Ort, den man spontan zu den Topdestinationen Europas zählen würde, doch umso mehr werden Sie von den verschiedenen Facetten dieser traditions-reichen und dennoch modernen Stadt überrascht sein, wenn Sie sich zu einem Trip entscheiden soll-ten. Damit Sie gut vorbereitet sind, stellt dieses Buch Sehenswertes sowohl außerhalb als auch innerhalb der historischen Altstadt vor.

Darüber hinaus werden praktische und er-probte Routen beschrieben, die Sehenswürdigkeiten und Restaurants verbinden, damit Sie sich so wenig wie möglich um die Planung Ihres Urlaubs kümmern müssen und einfach ausspannen und das schöne Flair der Stadt genießen können. Dabei bietet das Buch eine große Vielfalt an Attraktionen; von neuen Bauwerken, wie das Danziger Stadion, das anlässlich der EM 2012 gebaut wurde, über riesige Kunst-werke aus Zeiten der Sowjetunion bis hin zu histori-schen Bauwerken im Zentrum der Stadt. Denn letzt-endlich ist es genau diese Mischung, die diese Stadt zu dem macht, was sie ist: Einem bunten Ort, der seine bewegende Geschichte erzählt und nebenbei den Blick in die Zukunft schweifen lässt. Und genau deshalb möchte ich auch Sie mit meinen Erfahrungen zu einer Reise in diese wunderschöne Stadt bewegen.

Damit Sie auch kulinarisch voll auf Ihre Kosten kommen, werden eine Reihe ausgewählter Lokale vorgestellt und auf einer Fünfsterneskala bewertet. Falls Sie dann noch das Nachtleben erkunden wollen, gibt es hilfreiche Anregungen bezüglich beliebter Bars und Clubs. Wenn Sie dann nach einem langen und ereignisreichen Tag einfach nur ins gemachte Bett fallen wollen, bietet dieses Buch eine kleine Auswahl von Inseraten. Selbstverständlich ist vom gemütlichen Hotel bis zum preiswerten Hostel alles dabei. Darüber hinaus gibt es noch wissenswerte Hinweise zur Anreise und den Fortbewegungsmöglichkeiten innerhalb der Stadt, sodass Sie vor Ort immer mobil sind. Weiterhin möchte ich Ihnen ein paar Tipps für das kulturelle Miteinander in Polen mit auf den Weg geben, damit Sie nicht in ein Fettnäpfchen treten müssen. Abgerundet wird dieses Buch durch ein kleines Fazit meinerseits, das Sie hoffentlich auch bald fällen können.

Das Herz Danzigs – Die Bewohner

Meine Zeit in Danzig war nicht zuletzt wegen der Danziger Bürger so angenehm und erholsam. Gemeinsam mit den Nachbarorten Sopot (Zoppot) und Gdynia (Gdingen) bildet Danzig die sogenannte Dreistadt, Trojmiasto. Diese hat rund 750 000 Einwohner. Da jährlich rund 1,4 Millionen Menschen die Stadt besuchen, sind die Bewohner den Kontakt mit Touristen durchaus gewohnt, zumal die Tourismusbranche einen wichtigen Wirtschaftszweig innerhalb der Stadt aber auch innerhalb des ganzen Landes darstellt [1]. Nichtsdestotrotz ist Danzig nicht mit Touristenmassen überschwemmt, wie ich es beispielsweise in Krakau erleben musste, sodass man entspannt durch die Stadt schlendern kann.

Die Menschen in Danzig scheinen genau dieses Gleichgewicht zu repräsentieren. Ich hatte das Gefühl, dass die Danziger dankbar dafür sind, dass ihre Stadt so viel Interesse auf sich zieht und andererseits dennoch entspannt und freundlich, da sie nicht von Menschenmassen überrannt wurden.

Darüber hinaus kann man abends immer Bars oder Kneipen finden, in denen Besucher gemütlich das köstliche polnische Bier genießen und sich austauschen. So hat man zum einen Kontakt zu Einheimischen, beispielsweise den Studenten der Universität Danzig, oder zum anderen zu Touristen aus allerlei Ländern, sodass ein bunter Abend garantiert ist.

Insgesamt kann man die Bewohner als sehr umgänglich und gastfreundlich einschätzen. Nichtsdestotrotz sollte man diese Gastfreundschaft nicht überstrapazieren, denn obwohl es sich heimatlich

---

1https://www.gdansk.de/stadt-danzig.html

anfühlt, ist man nach wie vor nur Gast in dieser Stadt.

Außerhalb der Danziger Altstadt

Nicht jedem liegt das Getümmel auf Marktplätzen und in überfüllten Einkaufspassagen. Oder der ein oder andere möchte vielleicht einfach mal nicht auf den klassischen touristischen Routen unterwegs sein, sondern andere Facetten der Stadt kennenlernen. Um auch derlei Geschmack zu treffen, bietet dieses Buch einen Überblick über Sehenswertes auch außerhalb der Innenstadt.

Mein Favorit unter den Attraktionen außerhalb der Altstadt ist die Westerplatte. Die bezaubernde Halbinsel hat das unrühmliche Schicksal, der offizielle Ort für den Beginn des 2. Weltkrieges zu sein. Auf der kleinen, bewaldeten Insel, die von Danzig nur durch den Hafenkanal getrennt wird, waren am ersten September 1939 182 polnische Soldaten stationiert. Als die „Schleswig-Holstein" am Morgen um 4:45 Uhr angreift, scheint ein deutscher Sieg aufgrund der militärischen und numerischen Überlegenheit nur eine Sache von Stunden zu sein.[2] Und obwohl die polnischen Soldaten von See, aus der Luft und am Boden von insgesamt über 2600 Deutschen angegriffen wurden, hielten sie eine Woche bis zum 7. September stand. Dabei gab es auf polnischer Seite 14 Tote zu beklagen. Deutschland hingegen gab nie bekannt, wie groß die Verluste wirklich waren. Anlässlich dieses erbitterten und tapferen Widerstandes wurde den Gefallenen 1966 ein Denkmal an diesem Ort errichtet. [3] Das aus Granitblöcken erbaute Denkmal steht wie ein Fremdkörper in der

---

2https://www.local-life.com/gdansk/articles/danzig-schlacht-westerplatte
3https://www.polish-online.com/polen/staedte/danzig-westerplatte.php

Umgebung und hat dennoch diese massive, für Denkmale aus der Sowjetzeit typische, Ausstrahlung von Stärke und Kraft. So repräsentiert die 23 Meter hohe Steinsäule bis heute den Widerstand Polens gegen Nazideutschland und ist deshalb ein Ort von überwältigender Bedeutung für den heutigen polnischen Nationalstaat. Auf meiner Reise nach und durch Danzig hätte ich diese Erfahrung nicht missen wollen. Denn wie so häufig in Polen erinnert ein Ort von natürlicher Schönheit an die grauenvolle Geschichte, die dieses Land erleben musste. Und in meinen Augen, kann man an diese historischen Gräueltaten nicht oft genug erinnert werden.

Der nächste Ort, den ich Ihnen ans Herz legen möchte, ist das eben erwähnte Zentrum für Solidarität im Hafenviertel, nordöstlich der Innenstadt. Ebenso wie die Westerplatte vereint auch dieser Ort Schönheit, diesmal in architektonischer Form, und Geschichtsträchtigkeit. Die Fassade des Gebäudes wird von zahlreichen rostigen Stahlplatten ummantelt und erinnert sofort an die Hafenindustrie der ehemaligen Hansestadt. Eine Geschichte, die dieser Ort erzählt, ist der Aufstand der damals illegal gegründeten Arbeiterbewegung NSZZ Solidarnosc.

Dem damaligen Gewerkschaftsführer, Lech Walesa, gelang es, rund 17 000 Arbeiter für den Kampf um bessere Menschenrechte zu mobilisieren. Dieser massive Widerstand wirkte entscheidend an der politischen Wende in Osteuropa mit und markierte den Anfang vom Ende des Zerfalls der Sowjetunion.[4] Dennoch möchte ich nicht zu viel vorwegnehmen, denn die detailgetreuen Ausstellungen vor Ort können die zahlreichen anderen Geschichten weit besser erzählen, als ich es je könnte. Vielmehr möchte ich auf die Gegenwart dieses Gebäudes hinweisen. Nach dem hauseigenen Motto „Lerne die Geschichte kennen, Entscheide über die Zukunft!" werden im Solidarnosc-Zentrum und seinen zahlreichen Seminar- und Konferenzräumen Debatten zu unterschiedlichsten Themen angestoßen. Selbstverständlich verpflichtet sich das Zentrum dabei den Idealen der Demokratie, der offenen und solidarischen Gesellschaft sowie der Kultur des Dialogs.[5] So fungiert das Zentrum als Begegnungsstätte für Menschen aller Couleur und jeden Alters. Darüber hinaus

---

4https://upandaway.de/polen-danzig/
5http://drehscheibedergeschichte.eu/europaeisches-zentrum-der-solidarnosc-ecs-danzig/

besticht das Solidarnosc-Zentrum nicht nur durch gesellschaftliche Relevanz, sondern auch durch seine architektonische Schönheit. Im riesigen licht-durchfluteten Foyer des Gebäudes befinden sich Beete und Bäume, die gemeinsam mit Bänken zu einer kurzen Verweildauer einladen. Ähnlich schön ist das begehbare, begrünte Dach, welches einen hervorragenden Blick auf die Hafencity bietet. Die Kombination aus Information, Schönheit und Entspannung hat das Solidarnosc-Zentrum zu einem der Highlights meiner Reise gemacht, weshalb ich jedem empfehle, diesen Ort ganz oben auf seine Checkliste zu schreiben.

Der nächste Ort, den ich Ihnen präsentieren möchte, ist wohl eher etwas für Sportbegeisterte. Das Stadion Energa Gdansk wurde im Juli 2011 fertiggestellt, fasst 41 600 Zuschauer und wurde am sechsten September 2011 gegen die deutsche Nationalmannschaft eingeweiht. Das Spiel endete übrigens zwei zu zwei. Heimatverein ist Lechia Gdansk, ein traditionsreicher Verein, der seine Glanzzeiten allerdings hinter sich hat und momentan nur ein Dasein im Mittelmaß der ersten polnischen Liga fristet. Doch das tut der Stimmung im Rund der Arena keinen Abbruch, denn Lechia kann auf eine der ältesten und bekanntesten Fanszenen Polens verweisen. Dadurch gibt es gegen andere Traditionsvereine aus Polen häufig brisante Partien, die einen Besuch absolut wert sind. Auch preislich hält sich das Vergnügen in Grenzen: Für zehn Euro kann man Sitzplätze in der Stadionmitte erwerben, bei genügend Stehvermögen lässt sich auch noch etwas mehr sparen.[6] Vielleicht empfiehlt sich für Sie ja auch schon ein Besuch zum UEFA Europa League Finale am 25 Mai? Neben der EM 2012 das Highlight seit dem Bau des Stadions. Doch das Stadion hat mehr zu bieten als nur Platz für Fußballfans; mit seiner bernsteinfarbenen Fassade erinnert das Stadion an die Geschichte Danzigs als „Bernsteinstadt" und wird in Anlehnung daran auch „Bernsteinstadion" genannt. In meinen Augen ist dieses monumentale und moderne Stadion einen Besuch absolut wert. Und noch dazu liegt es nicht weit von der nächsten Attraktion entfernt, die ich Ihnen zeigen möchte.

Östlich der Altstadt befand sich zwischen 1910 und 1974 der erste Danziger Flughafen. Durch seine Nähe zur Stadt konnte er allerdings nicht mit den

---

6https://bilety.lechia.pl/Stadium/Index?eventId=369

steigenden Passagierzahlen wachsen und wurde so durch den Lech-Walesa-Flughafen, etwas außerhalb der Stadt, ersetzt. Die dadurch frei gewordene Fläche von 3,3 km² wurde genutzt, um eine der größten Wohnsiedlungen Polens zu bauen – das heutige Zaspa. In Zaspa leben 27 000 Menschen, was bei einer Fläche von 3,3 km² eine erstaunliche Einwohnerdichte von über 8000 Einwohner/km² ergibt.[7] Die Geschichte dieses Ortes ist eng mit der der Solidarnosc-Bewegung verbunden, wohnten hier doch die meisten Arbeiter der damaligen Lenin-Werft, unter ihnen auch Lech Walesa. So gab es einen breiten politischen Konsens, übrigens auch unter den Akademikern in Zaspa, der durch die Unterstützung der Solidarnosc gekennzeichnet war.

Rein äußerlich erinnert Zaspa nicht unbedingt an einen Publikumsmagneten. Die für die Sowjetzeit charakteristischen monumentalen Plattenbauten stehen dicht an dicht auf den deutlich sichtbaren Überresten von Start- und Landebahn. Und so geschah es, dass kaum noch junge Menschen in das Viertel ziehen wollten und Leerstand das Wohnungsbild prägte. Deshalb wurde über eine Strategie

---

7https://www.mojitopapers.de/danzig-zaspa/

nachgedacht, die das Zaspa wieder attraktiv machen würde. Passend zu diesen Überlegungen wollte der Danziger Künstler Rafal Roskowinski ein Wandmalereien-Festival anlässlich des 1000. Geburtstags der Stadt veranstalten. Dafür bekam er von der Stadt einige der riesigen Wände der Plattenbauten zur Verfügung gestellt. Die 1997 fertiggestellten Kunstwerke befassen sich mit der Geschichte des Viertels als Solidarnosc-Keimzelle und als Heimat der Werftarbeiter. Trotz der großen Beliebtheit der neuen, überdimensionalen Kunstwerke blieben ein nachhaltiger Imagewandel und der Zuzug junger Menschen in das Viertel allerdings weiterhin aus. Als sich Danzig im Jahr 2009 dann für den Preis der Kulturhauptstadt 2016 bewarb, bekam die Idee einer Wiederbelebung des Festivals neuen Schwung. So entstand die Idee einer Neuauflage unter dem Namen „Monumental Art Festival", dieses sollte jährlich bis 2016 stattfinden und das Viertel weiterhin mit auf die Stadt bezogenen Malereien verschönern und endlich den erhofften Effekt bringen. Obwohl das Projekt ein voller Erfolg war und sogar bis 2018 fortgesetzt wurde, erhielt nicht Danzig, sondern Breslau den Titel der Kulturhauptstadt 2016. Dennoch lohnte sich die Arbeit, denn heute zieren 60 monumentale Gemälde das Viertel und bilden gemeinsam mit den riesigen Plattenbauten und den sichtbaren Start- und Landebahnen eine unverwechselbare Atmosphäre. Schließlich wurde auch das Ziel, der Zuzug jüngerer Menschen, quasi über Nacht gelöst. Außerdem funktionieren die Kunstwerke auch als Identifikationsmerkmal, denn jeder Bewohner wird täglich durch die Motive der Malereien an die Geschichte des Viertels und der Stadt Danzig erinnert. Durch seine Lage nahe der Innenstadt aber auch zum Strand, der soliden Wohnungen und vor allem wegen der neuen künstlerischen Ausgestaltung wurde Zaspa zu einem der angesagtesten Wohnorte innerhalb Danzigs und ist für jeden Danzig-Besucher ein Muss.

Ich bin ein wahnsinniger Fan von kleinen Bergen innerhalb einer Stadt. Einmal bestiegen, hat man einen guten Überblick, eine wundervolle Aussicht und einen angenehmen Moment der Ruhe vor dem Großstadtlärm. Genau deshalb habe ich bei meinem Besuch in Danzig auch den Hagelsberg nicht auslassen können. Mit einer Höhe von etwas über 50 Metern ist der Berg wohl eher ein Hügel und ruck, zuck bestiegen.[8] Der Hagelsberg wurde bereits seit dem 16 Jahrhundert als Festungsanlage benutzt, mal gegen preußische, mal gegen russische und mal gegen französische Armeen. Und gleichermaßen fiel auch der Besitz des Berges in unterschiedliche Hände, sodass ständig Änderungen am Erscheinungsbild des Berges vorgenommen wurden. Die heute übriggebliebenen Gebäude stammen aus preußischer Besatzungszeit, wurden allerdings schon mehrfach modernisiert und zu Zeiten des zweiten Weltkrieges sogar als Bunker für die Danziger Bevölkerung verwendet.[9] Heute befindet sich in den unterirdischen Gebäuden auf dem Berg eine mehrsprachige Dauerausstellung zur kriegerischen Geschichte rund um den Berg. Doch wer nach dem Solidarnosc-Zentrum und der Westerplatte schon genug von Geschichte hatte, kann sich auch einfach das Danzig der Gegenwart vom Aussichtspunkt des ‚Millenium-Kreuzes' anschauen. Das 16,35 Meter hohe Kreuz wurde 1997 anlässlich der bevorstehenden Jahrtausendwende gebaut und wurde genau dort platziert, wo sich im zweiten Weltkrieg die Basis einer Flugabwehr-

---

8https://visitgdansk.com/de/corobic/Gradowa-Berg,a,14,1
9https://pomorskie.travel/de/-/grodzisko-w-gdansku

kanone befand.[10] Von dort aus kann man die Hafencity ideal überblicken. Lässt man den Blick etwas weiter schweifen, erkennt man sogar Mottlawa und Ostsee ineinander übergehen. Etwas weiter ostwärts fällt einem sofort die massive Marienkirche im Herzen der Stadt auf. Letztendlich bietet der Hagelsberg mit seinem bezaubernden Ausblick einen perfekten Schlusspunkt für einen Tag außerhalb der Danziger Altstadt, ein absolutes Muss also.

Wer nach einem derart langen und ereignisreichen Tag Lust auf ein gemütliches Lokal mit polnischer Hausmannskost bekommt, dem kann ich nur das Kapitel ,Restaurants, Bars, Clubs – die Hotspots der Stadt' am Ende des Buches empfehlen. Wie die Kapitelüberschrift schon verrät, gibt es selbstverständlich auch Tipps in Sachen Bars und polnisches Bier, falls noch Lust auf ein Kaltgetränk aufkommt.

Ich hoffe, ich konnte Ihnen in diesem Kapitel Appetit auf die Sehenswürdigkeiten außerhalb der Altstadt machen. In meinen Augen verkörpern sie einen wesentlichen Bestandteil Danzigs, sie verbinden die kriegerische Geschichte der Stadt mit ihrer modernen Entwicklung und machen sie maßgeblich zu

---

10https://visitgdansk.com/de/corobic/Gradowa-Berg,a,14,1

dem, was sie heute ist. Dabei möchte ich Ihnen wiederholt den Stadtteil Zaspa ans Herz legen, denn meinen Besuch dort werde ich nie vergessen.

Die Altstadt

Kommen wir nun zur Altstadt Danzigs. Rein objektiv betrachtet sind jedes Haus und jeder Stein einen Beitrag wert, denn gefühlt hat alles eine eigene Geschichte zu erzählen und trägt nebenbei zum malerischen Erscheinungsbild der Stadt bei. Leider muss ich meine Empfehlungen an Sie etwas begrenzen, doch ich bin mir sicher, dass sich für jeden etwas Interessantes und Geeignetes finden wird.

Damit Sie eine ungefähre Orientierung haben, starte ich dieses Kapitel und die hier vorgeschlagene Route wieder am Europäischen Zentrum der

Solidarnosc. Allerdings mit dem Unterschied, dass Sie nun schon das Wichtigste über diesen Ort wissen und wir diesen Teil getrost aussparen können. Unser erster Halt auf der Altstadt-Tour ist das wenig spannend klingende Polish Post Office. Zu Recht werden Sie sich fragen, was denn an einem Postamt interessant sein soll. Eine ganze Menge kann ich Ihnen sagen; zum Beispiel, dass es in Günther Grass' Roman „Die Blechtrommel" Erwähnung fand. Und diese Erwähnung steht im direkten Zusammenhang mit der Geschichte des Amtes. Parallel zum Angriff auf der Westerplatte, wurde auch das Postamt in der Danziger Altstadt von deutschen SS-Truppen attackiert. Die mehr als 50 Beamten, die zum Zeitpunkt des Angriffes arbeiteten, waren allerdings nicht unvorbereitet und so befanden sich im Gebäude neben Briefmarken auch etwa 40 Pistolen, drei Maschinengewehre und drei Kisten voller Handgranaten. Eine ehemalige Mitarbeiterin des Postamtes schildert: „Die Frauen waren nicht eingeweiht, aber unsere Kollegen hatten zuvor abends an Verteidigungsschulungen teilgenommen". [11] Und so konnten die tapfer

---

[11] https://www.tagesschau.de/ausland/postamtdanzig100.html

und aufopferungsvoll kämpfenden Beamten die erste Angriffswelle der Deutschen stoppen. Doch insgesamt sieben Stunden erbitterter Widerstand waren nicht ausreichend, die polnischen Truppen hatten es nicht rechtzeitig zur Unterstützung geschafft. Die SS pumpte Benzin in die Kellerräume des Gebäudes und zündete es an. Dabei starben 20 Menschen, 38 weitere konnten den Flammen entkommen. Den Überlebenden wurde rund einen Monat später der Prozess gemacht, wobei alle zum Tode verurteilt wurden. Dennoch gelang es vier Postlern zu fliehen und das Kriegsende zu überleben. Im Angesicht dieser Geschichte stellt das Postamt in Danzig genauso einen Ort für den Widerstand Polens gegen Nazideutschland dar wie die Westerplatte, weshalb es auch von so besonderer Bedeutung ist. Günther Grass für seinen Teil setzte dem Postamt und seinem gefallenen Onkel Franzcisek Krause ein Denkmal, indem er es in seinem bekannten Roman „Die Blechtrommel" erwähnte.[12]

Doch abgesehen von der historischen Bedeutung dieses Ortes, macht die Ästhetik des Denkmals

---

12https://www.polish-online.com/polen/staedte/danzig-polnische-post.php

vor dem Gebäude die Atmosphäre dieses Ortes aus. Im klassisch sowjetischen Stil steht die 1979 erbaute Statue vor dem Postamt. Sie wurde aus rostfreien Stahlplatten wie ein räumliches Mosaik zusammengesetzt und zeigt einen Postbeamten, der am Boden liegend nach einer Waffe greift, die ihm Nike geben möchte. Doch wird schon beim Anschauen der Statue klar, dass Nike, Göttin des Sieges, zu langsam war, um den Beamten zu retten. Wieder einmal vereint ein Ort in Danzig Geschichte und Schönheit und macht sich deshalb selbst unverzichtbar für einen Besuch.

Nun möchte ich Ihnen einen nicht ganz so geschichtsträchtigen Ort in Danzig präsentieren. Ähnlich wie Hollywood, dachte sich wohl auch die Stadt Danzig, dass ihr ein Schriftzug gut zu Gesicht stehen würde. Und da haben die Beamten der Stadt definitiv recht behalten. Der Danzig-Schriftzug am Mottlawa-Ufer passt ideal in das Bild der Stadt, ist er doch identisch rostig gehalten wie die Fassade des Solidarnosc-Zentrums und erinnert gleichermaßen an die Geschichte Danzigs als Hafenstadt. Empfehlenswert ist ein Besuch am Abend beziehungsweise während der Dämmerung. Zum einen leuchtet der

Schriftzug selbst und lässt die rostigen Platten oran-gefarben erstrahlen. Zum anderen befindet sich der Schriftzug aber auch auf einer Insel in der Mottlawa, sodass man das Danziger Krantor und alle anderen wunderschönen Gebäude am anderen Flussufer per-fekt sehen kann. Außerdem spiegeln sich die Lichter der Häuser im Fluss wider, einfach wunderschön. Weiterhin befinden sich auf der Insel die baltisch-polnische Philharmonie mit dem „Bernstein Walk-of-Fame" für berühmte polnische Künstler und Lite-raten sowie ein Riesenrad und noch dazu liegt ein riesiges Schiff, das als Museum umfunktioniert wurde, an einer Inselseite an. Außerdem können Sie sogar auf der Insel residieren, wenn Sie das nötige Kleingeld haben. Das Hotel Krolewski befindet sich direkt am Ufer der Mottlawa und bietet einen traum-haften Blick auf den Fluss und die historische Alt-stadt. Es gibt also weit mehr auf dieser Insel zu er-kunden als nur den Gdansk-Schriftzug.

Als Nächstes begehen wir den Königsweg der Stadt. So heißt nämlich der Weg vom Grünen bis zum Goldenen Tor. Dieser befindet sich auf Höhe der süd-lichen Mottlawa-Insel und eine Brücke führt direkt zum Beginn des Weges. Und selbst wenn es sich jetzt für Sie etwas verwirrend anhört, kann ich Ihnen garantieren, dass Sie sich problemlos in der Innenstadt zurechtfinden werden. Zu Polnisch heißt die Straße, die wir nun betreten, übrigens Ulica Dluga, was so viel heißt wie Langstraße. Auf dieser Hauptstraße der Altstadt reihen sich auf 600 Metern die schönsten Häuser der Stadt. Davon werde ich Ihnen die in meinen Augen schönsten und bedeutendsten Bauwerke kurz vorstellen, andere, weitere interessante Orte werde ich hingegen nur kurz in meinen „TIPP-Fenstern" erwähnen.

Wir beginnen unseren Spaziergang auf dem Königsweg am sogenannten Grünen Tor am Eingang der Altstadt und Ufer der Mottlawa. Das massive Tor wurde im 16. Jahrhundert als Stadtresidenz für polnische Könige gebaut und erinnert mehr an ein Schloss als an ein Tor oder eine Festungsanlage. Die Front des Gebäudes ist durch vier exakt gleich große und breite Tore gekennzeichnet. Nur fragt man sich, warum es „Grünes" Tor und nicht anders heißt. Dafür gibt es die simple Erklärung, dass das Tor bei seiner Fertigstellung grün gestrichen wurde. Nach der Zerstörung im zweiten Weltkrieg und einem teilweisen Einsturz im Jahr 2002, blieb von der grünen

Farbe allerdings herzlich wenig übrig und so erinnert einzig der Name an das frühere Aussehen. [13] Rein optisch bietet das Tor jedoch noch eine ganze Menge, bildet es mit seiner schieren Größe doch ein überdimensionales Eingangsportal in die Altstadt. Zudem weist das im Manierismus gebaute Tor viele Verzierungen auf, sodass das Tor einen schönen, aber dennoch massiven Eindruck hinterlässt. Die Rückseite des Tores zeigt in Richtung des Langen Marktes, den wir als Nächstes erkunden werden.

Der Lange Markt ist das Herz Danzigs. Sowohl geografisch als eigentlicher Abschluss des Königswegs, als auch touristisch, denn hier tummeln sich mit Abstand die meisten Besucher Danzigs. Zugegeben, mit seinen zahlreichen Restaurants, Cafés und Bars sowie den detailreich und prunkvoll verzierten Prachtbauten lädt der lange Markt durchaus zu einem Aufenthalt ein. Daher ist es auch kein Zufall, dass es hier die meisten Sehenswürdigkeiten auf einem Fleck zu bestaunen gibt. Dabei möchte ich Ihnen den Artushof als Erstes vorstellen, denn dieser ist für die frühe Geschichte der Hansestadt überaus wichtig. Der 1478 erbaute Artushof diente als

---

13https://de.wikipedia.org/wiki/Grünes_Tor_(Danzig)

Treffpunkt für wohlhabende Kaufleute und Adlige und war so gewissermaßen das Handelszentrum. Auch wenn Danzig damals noch kein offizielles Mitglied der Hanse war, nahmen Kaufleute aktiv an den Versammlungen der Hansestädte teil und so wurde auch am Artushof die Verbindung zur Handelsgesellschaft geschaffen. Ab 1742 wurde die Handelstradition anders fortgeführt und der Artushof ab sofort als Danziger Börse umfunktioniert.

Heute befindet sich in den Räumen des Artushofes ein Museum, das dauerhaft über die polnische und Danziger Geschichte ausstellt. [14] Trotz der interessanten Geschichte wird das Gebäude heutzutage wohl eher wegen seiner prachtvollen Fassade besucht. Durch neue Könige und Herrscher wurde das Haus ständig nach den Wünschen des gerade Mächtigen umgestaltet und so befinden sich heute auf der Fassade Stilelemente aus unterschiedlichsten Kunst- und Architekturepochen. Aber bitte verstehen Sie mich nicht falsch; diese Mischung macht die Fassade nicht zu einem unstrukturierten Potpourri einzelner Elemente, sondern zu dem faszinierenden

---

14http://www.visitpomerania.eu/staedte/danzig/sehenswuer digkeiten/langer-markt/

Bau, der er heute ist. Die nächste Attraktion, die der Lange Markt bietet, ist das Rechtstädtische Danziger Rathaus. Doch Vorsicht, dieses Haus war mal das Rathaus des Stadtteils Rechtstadt, ist es heute aber nicht mehr. Ursprünglich diente das Gebäude als Kontor bis 1488 der Turm errichtet und das Gebäude als Rathaus umfunktioniert wurde.

Nach seiner fast vollständigen Zerstörung im zweiten Weltkrieg, wurde das Haus bis 1970 wiederaufgebaut und funktioniert heute, ähnlich wie der Artushof, als Stadtmuseum. Übrigens bietet sich der Turm mit einer Höhe von 81 Metern hervorragend als Ausblick an und noch dazu kann man das Getümmel auf dem Markt etwas hinter, beziehungsweise unter sich lassen.[15] Die letzte Attraktion auf dem Langen Markt ist das Schumannhaus, welches den Markt an west-licher Seite abschließt. Wie in den meisten Häuser des Königswegs lebten auch hier wohlhabende und mächtige Menschen. Bemerkenswert ist dieses Gebäude allerdings eher wegen seiner markanten weinroten Farbe. Gepaart mit den detailreichen Verzierungen der Renaissance bilden sie ein unvergleichlich schönes Haus.

15https://de.wikipedia.org/wiki/Rechtstädtisches_Rathaus

Insgesamt ist der lange Markt ein bezaubernder Platz. Die zahlreichen, prächtig verzierten Bauten warten nur darauf, fotografiert zu werden und zoomt man etwas ran, lassen sich auch alle noch so kleinen Kunstwerke entdecken. Nichtsdestotrotz habe ich es versucht den Markt bei Stoßzeiten, beispielsweise um das Mittagessen herum, zu meiden. Dann sind alle Lokale, von denen es wirklich genug vor Ort gibt, voll und es gibt kaum noch ein Durchkommen. Passenderweise konnte ich in einem Reiseblog folgende Aussage finden: „Keines der Bürgerhäuser ist heute nicht Restaurant." [16] Außerdem lassen sich dann nicht mehr alle Details finden, denn häufig hausen die Lokale im Erdgeschoss der historischen Gebäude. Und darüber hinaus gibt es noch reichlich andere Sehenswürdigkeiten oder Orte, an denen man sich stärken kann, doch dazu später mehr.

Nun verlassen wir den Langen Markt und ziehen etwas weiter den Königsweg hinauf. Früher oder später fällt dann jedem Besucher zwangsläufig das reich verzierte Ferberhaus auf (Hausnummer 28).

16https://www.anderswohin.de/die-rechtstadt-von-danzig-auf-dem-koenigsweg-durchqueren/

So trägt die Fassade neben den Wappen von Polen, Danzig und Preußen auch das der Baufamilie Ferber, welches übrigens aus drei Schweinen besteht. Ansonsten erlangte dieses Haus eher durch Leerstand Ruhm, doch diese Geschichte finden Sie im „TIPP-Fenster". Das nächste Haus wird, ähnlich wie das Schumannhaus, durch seine Farbe zu einer Attraktion, denn auch das Uphagenhaus besticht durch ein bezauberndes Weinrot. In den 1780er Jahren vom Kaufmann und Ratsherrn Johannes Uphaus gebaut, blieb dieses wunderschöne Haus bis 1910 in Familienbesitz. Fortan fungierte es als Museum, wobei Raumaufteilung und Ausstattung identisch blieben. Dann wurde es, wie so viele Gebäude in Danzig, im Zuge des zweiten Weltkrieges vollends zerstört. Zum Glück wurde vor der Zerstörung die gesamte Innenausstattung ausgelagert und blieb somit unbeschädigt. Ab 1950 wurde das Haus nach alten Bauplänen wiederaufgebaut und so steht es heute noch in strahlendem Rot auf dem Danziger Königsweg und fungiert als Museum für Inneneinrichtung.[17]

Den Abschluss des Königswegs bildet das sogenannte Goldene Tor. Ähnlich wie die meisten

---

[17]https://de.wikipedia.org/wiki/Uphagenhaus_Danzig

anderen Prachtbauten, die ich bisher vorgestellt habe, wurde auch das Goldene Tor im Zuge des zweiten Weltkrieges zerstört und in der Nachkriegszeit wiederaufgebaut. Interessant an diesem prunkvollen Bau ist hingegen die biblische Inschrift: „Es müsse wohl gehen denen, die dich lieben. Es müsse Friede sein inwendig in deinen Mauren und Glück in deinen Palästen!"[18] Dieser Psalm zeigt deutlich, dass Danzig lange Zeit von Deutschen bewohnt wurde und auch das Stadtbild durch deutsche Einflüsse geprägt ist. Das änderte sich erst nach Ende des zweiten Weltkrieges, als Danzig wieder größtenteils von Polen belebt wurde. Staatsangehörigkeit hin oder her, das Goldene Tor mit seinen zahlreichen Figuren und goldenen Verzierungen bleibt eine der schönsten Sehenswürdigkeiten der Stadt und bildet, wie das Grüne Tor am anderen Ende des Königswegs, ein monumentales Eingangsportal in die Altstadt.

Die nächste und wohl berühmteste Sehenswürdigkeit kennen Sie wahrscheinlich schon als Postkartenmotiv oder als Bild von der EM 2012: das Krantor. Gemeinsam mit Mottlawa und der Uferpromenade ist das Krantor der Touristen-Hotspot

---

18https://de.wikipedia.org/wiki/Langgasser_Tor_(Danzig)

schlechthin und so kommt es wenig überraschend, dass sich hier zu Hochzeiten Tourist an Tourist die Promenade entlangschiebt. Ähnlich wie beim Langen Markt, möchte ich schon mal die Empfehlung aussprechen, diesen Ort zu Stoßzeiten zu meiden. Zumal die Uferpromenade bei Abenddämmerung ohnehin viel bezaubernder aussieht als tagsüber mit Touristenströmen. Das mittelalterliche Krantor wurde 1443 errichtet und war zu damaliger Zeit mit zwei Tonnen Hebekraft der stärkste und größte Aufzug weltweit. Heutzutage fungiert das Krantor als Heimat für das Meeresmuseum.[19] Obwohl die Promenade meist überfüllt ist, ist es keine Option das Krantor nicht aus nächster Nähe zu besichtigen. Zwar sieht man es aufgrund seiner Größe zwangsläufig, wenn man durch die Stadt schlendert, doch ist es ein anderes Gefühl direkt vor beziehungsweise unter diesem massiven Gebäude zu stehen. Deshalb darf das Krantor bei keinem Danzig-Urlauber auf der Checkliste fehlen.

Abschließend möchte ich Ihnen meinen absoluten Favoriten in der Danziger Altstadt präsentieren,

---

19https://www.schwarzaufweiss.de/polen/danzig-reisefuehrer/krantor.htm

die Mariacka-Straße. Als ich diese Straße das erste Mal betrat, war es schon dunkel in Danzig. Die kleinen Laternen, die auf den Balustraden vor den reichlich verzierten Häusern standen, dämmerten mit ihrem orangenen Licht auf die mit Bernsteinschmuck gefüllten Vitrinen. Die Mündungen der Regenrinnen endeten in den offenen Mäulern von steinernen Drachen, Schlangen oder Krokodilen, die die Vitrinen zu bewachen schienen. Es war ein magischer Moment und vermutlich der schönste in meiner ganzen Zeit in Danzig. Mit den wunderschönen Häusern, dem dämmernden Licht und den zahllosen Steinskulpturen habe ich mich gefühlt wie in einem Harry-Potter-Roman. Noch dazu wird die Mariacka-Straße vom riesigen Marientor und der massiven Marien-kathedrale abgeschlossen, sodass die ohnehin schon enge Straße noch bezaubernder wirkt. Und die Vitrinen stehen nicht grundlos zwischen Haus und Skulptur, denn die Mariacka-Straße bildet das Zentrum des Bernsteinhandwerks in der Bernsteinstadt Danzig. So befindet sich in beinahe jedem Haus der Straße im Erdgeschoss eine Bernsteinmanufaktur. Ebenso wie das Krantor gehört auch die Mariacka-Straße auf jede touristische To-do-Liste.

Hotspots der Stadt

Während meiner Zeit in Danzig habe ich nie schlecht gegessen, und schon gar nicht schlecht getrunken, sind Polen und insbesondere Danzig doch bekannt für ihre langjährige Biertradition. Und um das vorwegzunehmen: Ich habe nie ein Vermögen hinlegen müssen, um gut und reichlich zu speisen. Dennoch werde ich Ihnen vom noblen Restaurant bis zum einfachen Bistro eine ganze Bandbreite an Etablissements vorstellen, damit auch für jeden Geschmack etwas dabei ist. Dabei werde ich mich in der Reihenfolge an meine vorgestellten Routen halten, damit sie eine ungefähre Vorstellung haben, wann sich welches Lokal anbietet. Danach werde ich Ihnen eine kleine Auswahl handverlesener Bars vorstellen, die sich insbesondere durch ihre Biere in den lokalen und touristischen Fokus gespielt haben. Wer dann noch Energie und Lust verspürt feiern zu gehen, wird im Abschnitt ‚Clubs' mit Sicherheit fündig. Und wenn die Nacht dann irgendwann doch zu Ende gegangen ist, können Sie einfach in einer der vorgeschlagenen Unterkünfte alle Viere gerade sein lassen.

RESTAURANTS

Das erste Lokal, das ich Ihnen vorstellen möchte, befand sich auf der alternativen Route zwischen den Attraktionen Stadion und Zaspa und lag direkt bei der Haltestelle ‚Rzeczypospolitej'. Das ‚Simple' ist kein ausgewiesenes Feinschmeckerlokal, aber das soll es auch nicht sein. Vielmehr ist es ein kleines atmosphärisches Bistro, das sowohl zu einem kleinen Snack als auch einem deftigen polnischen Mittagessen einlädt. Das ‚Simple' ist besonders bekannt und beliebt für seine zahlreichen Suppen, die von klassischer Soljanka bis hin zur böhmischen Ei-Suppe reichen. Darüber hinaus gibt es neben einigen wenigen aber äußerst frischen Salaten auch eine große Auswahl an selbstgemachten Kuchen. Leider war die Karte bei meinem Besuch noch nicht sonderlich groß, was auf jeden Fall für die Qualität der Gerichte spricht, allerdings zu Lasten der Vegetarier und Veganer geht. Doch bei meiner Recherche zu diesem Reiseführer konnte ich herausfinden, dass die Karte vergrößert wurde und es weiterhin wird.[20] Außerdem wurde mir bei meinem Besuch versichert, dass alle Zutaten frisch und nach Möglichkeit regional eingekauft werden. Bemerkenswert ist, dass neben dem Kuchen auch noch das Brot selbst gebacken wird. Obwohl das vielleicht nicht außergewöhnlich klingt, ist es heutzutage eine absolute Rarität und dafür bekommt das ‚Simple' gleich mal einen virtuellen Stern dazu. Das Bistro ist maritim gestaltet und sehr hell und freundlich durch Tageslicht beschienen, sodass man sich auf Anhieb wohlfühlt. Und auch preislich bietet das ‚Simple' für jeden Geldbeutel etwas an; Suppen sind für umgerechnet zwei bis drei Euro zu haben. Der Kuchen ist noch etwas billiger und deftige Hauptgerichte wie Knödel sind dann ab knapp

---

20https://www.facebook.com/simplebistrogdansk/

fünf Euro zu bekommen. Die Salate halten sich preislich auf einem ähnlichen Niveau. Ich war damals positiv überrascht, fernab der Innenstadt legt das ‚Simple' großen Wert auf Frische und traditionelle Gerichte und bleibt dabei auch noch absolut erschwinglich. Dafür erhält es von mir, gemessen an der Lage, der Größe des Teams und des Lokals, satte 4,5 von 5 Sternen.

Als Nächstes möchte ich Ihnen ein Etablissement vorstellen, bei dem sich ein Besuch zum Abschluss der alternativen Route nach dem Besuch des Hagelsberges anbietet. Die Rede ist vom ‚Browar PG4', das sich im alten Postgebäude neben dem Hauptbahnhof befindet. Das ‚PG4' ist eigentlich eher in der Craftbeer-Szene bekannt, ist es doch eine der wenigen Brauereien, die in Danzig selbst ihr Bier brauen. Doch zur Biergeschichte Danzigs später im Kapitel ‚Bars' etwas mehr. Vielmehr möchte ich Ihnen jetzt das köstliche Essen des ‚PG4' näherbringen. Gastronomisch ist das ‚PG4' sehr gut und breit aufgestellt. Von kleineren Vorspeisen über Fleisch- und Fischgerichte über vegetarische Gerichte bis hin zu Salaten und Desserts ist alles zu haben. Außerdem wird den Biersnacks in der Karte eine eigene

Seite gewidmet, leckere Zusammenstellungen von kleinen Snacks, die wirklich ideal zum selbst gebrauten Bier passen. Das Team im ‚PG4' ist sehr kompetent und freundlich, insbesondere wenn es um Fragen zum hauseigenen Bier geht. Das Essen ist ziemlich deftig und schmeckt sehr gut. Als Vegetarier finde ich es außerdem hervorragend, dass eine kleine Auswahl an Gerichten bereitgestellt wird, leider ist das in Polen noch nicht immer der Fall.

Die Preise im ‚PG4' sind gemessen an der Größe der Portionen absolut in Ordnung. Hauptgerichte mit Fleisch sind für knapp 10 bis 20 Euro erhältlich. Vorspeisen und Desserts sind noch etwas preiswerter und insgesamt liegen die Preise im zu erwartenden Bereich. Die Atmosphäre im alten Postgebäude ist urig. Aufgrund seiner langen Theke mit etlichen Zapfhähnen erinnert das ‚PG4' etwas an eine übergroße Kneipe, doch das tut der Stimmung in meinen Augen keinen Abbruch. Das einzige Manko ist die quasi maschinelle Abfertigung durch die Bedienung. Diese ist zwar darum bemüht, freundlich und hilfreich zu sein, doch merkt man, dass im breit aufgestellten ‚PG4' mit Brauerei und Hotel ein Rädchen ins andere greifen muss, weshalb die Herzlichkeit manchmal etwas auf der Strecke bleibt. Dennoch handelt es sich hier um Meckern auf hohem Niveau und so erhält das ‚PG4' im Gesamtpaket von mir immer noch 4 von 5 möglichen Punkten.

Das ‚Kubicki' befindet sich nun schon auf der altstädtischen Route, zwischen den Stationen historisches Postamt und Danzig-Schriftzug. Um diese Frage schon mal zu beantworten: Meinen Recherchen zufolge, gibt es keinerlei Verbindungen zum Vizepräsidenten des Bundestages und FDP-Vizevorsitzenden Wolfgang Kubicki. Das ‚Kubicki' befindet sich am Ende der Mottlawa-Promenade und lädt mit seinem traumhaften Blick auf das Krantor und die Uferpromenade zum längeren Verweilen, insbesondere bei Abend, ein. Jedoch wird ein längerer Aufenthalt mit dem ein oder anderen Gericht und Getränk etwas teurer als in den bisher vorgestellten Restaurants. Das ‚Kubicki' tanzt kulinarisch gesehen nur auf einer Hochzeit: der Polnischen. Doch handelt es sich nicht um riesige Haufen von deftigem Essen, sondern vielmehr um feinste Handarbeit, um den geschmacklichen Genuss auch optisch abzurunden. So sind insbesondere die Desserts äußerlich durch feinste Verzierungen überaus ansprechend, doch auch die Hauptgerichte stehen dem optisch wenig nach. Abgerundet wird das köstliche Essen durch das schicke Ambiente im Restaurant, Einrichtung und Dekoration wirken stilsicher und absolut passend zur Lage an der Mottlawa. Nur preislich bewegt sich das ‚Kubicki' in etwas anderen Sphären. Hauptgerichte kosten hier auch gerne mal über 25 Euro, Desserts sind dementsprechend auch etwas teurer. Nichtsdestotrotz ist das ‚Kubicki' eine Empfehlung wert, denn nicht zuletzt scheint das Gesamtkonzept stimmig und einladend. Von mir erhält das ‚Kubicki' ebenfalls 4 von 5 Sternen.

Der nächste Halt auf der kulinarischen Tour durch Danzig ist das ‚Bazar', welches sich auf dem Weg von der „Schrift-Zug"-Insel zum Grünen Tor befindet. Das ‚Bazar' ist ein junges, modernes und dennoch traditionsbewusstes Lokal am Ufer der Mottlawa. Die Karte ist zweisprachig und erleichtert das Bestellen schon bei rustikalen Englischkenntnissen. Außerdem befinden sich auf der Karte Symbole, die kennzeichnen, ob das Gericht mit lokalen Zutaten gekocht wurde oder eben nicht. Ein absoluter Pluspunkt!

Traditionsbewusst und modern ist das ‚Bazar'

deshalb, weil es sich vornehmlich auf polnische Gerichte spezialisiert hat und diese neu interpretiert, was die spannende Mischung der Karte ausmacht. So ist die Karte zwar dennoch überschaubar, lässt in meinen Augen aber auch nichts zu wünschen übrig. Außerdem gibt es Pierogi, ein für Osteuropa typisches Gericht aus Teigtaschen, das man unbedingt mal gegessen haben sollte, und warum eigentlich nicht gleich hier? Mir haben die Pierogi bei meinem Besuch hervorragend geschmeckt und waren mit sechs Euro total erschwinglich. Aber auch die meisten anderen Gerichte sind für deutlich unter zehn Euro zu haben. Das Gesamtpaket stimmt, das Essen ist traditionell und modern zugleich, die Einrichtung ist einladend und die Preise passend. Das macht satte 4,5 von 5 Sternen.

Das nächste Restaurant ist ähnlich wie das ‚Kubicki', auch am Mottlawa-Ufer gelegen, allerdings etwas preiswerter, lädt aber gleichermaßen zum Entspannen bei Promenaden-Atmosphäre ein. Es handelt sich um das direkt neben dem Krantor gelegene Restaurant ‚Zuraw'. Das ‚Zuraw' hat die beste Lage, die ein Restaurant in Danzig überhaupt nur haben kann. Der kleine Biergarten vor dem Restaurant liegt direkt an der Promenade und lädt zum abendlichen Biergenuss bei sanftem Licht ein. Die Karte des ‚Zuraw' ist etwas durcheinander und es lässt sich keine Landesküche erkennen. Das heißt zwar einerseits, dass es für jeden Geschmack etwas gibt, andererseits allerdings auch, dass es an Spezialitäten fehlt, wie ich bei meinem Besuch feststellen konnte. Die Gerichte sind preislich dagegen wieder sehr erschwinglich und lassen auch den Studenten das Promenadenflair genießen. Atmosphärisch gibt es am ‚Zuraw' nichts auszusetzen. Beide Etagen und der Biergarten sind sehr einladend und gemütlich gestaltet und auch der Service lässt, außer etwas mehr Geduld, an nichts zu wünschen übrig. Da mich das Essen dennoch nicht zu hundert Prozent überzeugt hat, kann ich dem ‚Zuraw' im Vergleich zu den bisherigen Einrichtungen nur 3,5 von 5 Sternen geben. Dennoch ist es einen Besuch, schon wegen des Ausblicks, wert.

Falls Sie einmal keine Lust haben sollten die typische Landesküche zu verkosten, kann ich Ihnen nur den ‚SurfBurger' im Zentrum der Altstadt empfehlen. Das Restaurant wirkt mit seinem Retrolook, sowie den auf Schallplatten gedruckten Karten und der energiegeladenen und jungen Belegschaft sehr erfrischend und überaus freundlich. Noch dazu gibt es gute, peppige Musik und preiswertes, leckeres Bier. Das Essen ist gut, aber nichts Außergewöhnliches. Trotz alledem bleibt das Flair einer Restaurantkette wie bei Hans im Glück und ähnlichen Bürgerhäusern nicht aus, sodass ich abschließend nur magere 3 von 5 Sternen verteilen kann.

Mein letzter kulinarischer Tipp für Sie, war mein absoluter Favorit unter den Restaurants in Danzig und das lag einzig und allein an Konzept und Qualität des ‚Klatka B', denn an der mangelnden Qualität der Konkurrenz. Das ‚Klatka B' liegt auf der Promenade, hinter dem Krantor, links. Es zeichnet sich durch seine kleine Karte aus, die lediglich Gerichte anbietet, die mit regionalen Produkten hergestellt werden können. Selbstverständlich ändert sich die Karte saisonal, doch es gibt immer etwas für jeden Geschmack, egal ob süß oder herzhaft, modern oder traditionell, es ist immer etwas Köstliches dabei. Allerdings kann es sein, dass auch mal ein Gericht umgeändert wird, wenn eine Zutat gerade nicht vorrätig ist, was dem kulinarischen Genuss aber keinen Abbruch tut. Besonders gut ist hier vor allem das Bier. Das von der PG4-Brauerei in Danzig gebraute

Johannes-Pils war eines der besten Biere, die ich je getrunken habe. Und das ‚Klatka B' bietet noch weitere Biere von der lokalen Brauerei an. Es rundet das Essen vorzüglich ab und eh man sich versieht, hat man schon das ein oder andere Bier in der entspannten Atmosphäre getrunken. Das Personal ist äußerst nett und weiß immer Bescheid, welche Gerichte welche Besonderheiten aufweisen und kann ziemlich genau beantworten, welche Zutaten woher kommen, was ich persönlich sehr beeindruckend finde. Nun ist man dazu geneigt, das ‚Klatka B' als teuer einzuschätzen, doch dem ist nicht so.

Durch gezieltes regionales Einkaufen und dem Bier vom anderen Ende der Stadt, halten sich die Einkaufspreise für das Restaurant in Grenzen. Diese niedrigeren Einkaufspreise werden an den Kunden weitergegeben und so kommt es, dass Hauptgericht und Bier trotz bester Lage am Mottlawa-Ufer nicht einmal zehn Euro kosten. Aufgrund dieses stimmigen Gesamtkonzepts und ganz einfach, weil ich absolut gar nichts auszusetzen habe, erhält das ‚Klatka B' von mir alle möglichen 5 Sterne. Auch wenn sich meine kleine Auswahl an Etablissements größtenteils auf die polnische Küche beschränkt, kann ich

Ihnen versichern, dass Sie auch die internationale Küche in Danzig wiederfinden werden. So gibt es auf dem Langen Markt zwei Italiener und auf dem Königsweg ein indisches und ein spanisches Restaurant und in der weiteren Innenstadt selbstverständlich jede Menge mehr. Alles in allem hat Danzig kulinarisch sehr viel zu bieten. Dabei verwenden die meisten Lokale hauptsächlich regionale Produkte, sodass die Gerichte immer frisch auf den Teller kommen. Gemeinsam mit der angenehmen Atmosphäre und den größtenteils zuvorkommenden Servicekräften lädt Danzig durchaus zum Auskundschaften der lokalen Gastronomie-Szene ein.

BARS

Wer nach einem entspannten und leckeren Abendessen in einem der Restaurants noch auf ein Bierchen die örtliche Kneipenszene erkunden möchte, wird in diesem Abschnitt fündig werden. Dabei liegt die Betonung auf Bier, denn dieser Abschnitt ist insbesondere etwas für Bierliebhaber. Bekanntermaßen hat Polen eine lange Brauereitradition und drängt mit köstlichen Bieren wie Zywiec, Tyskie und

Lech auf den deutschen Markt. Selbstverständlich gibt es das Bier dieser Großbrauereien auch in den Danziger Bars und Kneipen, doch ich möchte mit Ihnen noch etwas tiefer in die Biermaterie eintauchen und die besten Bierbars mit den besten Craftbeers in Danzig vorstellen.

Danzig hat eine lange Brauereitradition. Im 16. Jahrhundert befanden sich in und um Danzig rund 400 Brauereien, unter ihnen die „Danziger-Aktien Brauerei", deren Name schon auf die im Artushof befindliche Börse anspielt. Jedoch konnte keine einzige Brauerei das 20. Jahrhundert mit all seinen Kriegen und all seiner Zerstörung in Danzig überleben, sodass es Anfang des Jahrtausends keine lokale Brauerei mehr gab. Deshalb möchte ich dieses Kapitel mit einer positiven Entwicklung der lokalen Craftbeer-Szene beginnen. Das bereits erwähnte ‚Browar PG4' hat mit Johannes Herberg seit 2015 einen deutschen Braumeister, der mit großer Sorgfalt und Akribie in der hauseigenen Brauerei versucht, die historischen Biere wieder auferstehen zu lassen. Besonders bekannt ist das Johannes-Pils der Brauerei, da es auch in einigen Restaurants, wie beispielsweise dem ‚Klatka B', ausgeschenkt wird. Wie oben bereits beschrieben, das beste Bier, das ich je getrunken habe. Doch das PG4 bietet noch eine ganze Reihe weiterer hauseigener Biere an, die zu einer Verkostung einladen.[21] Einen Überblick, inklusive des Alkoholgehalts, über die angebotenen Biere finden sie online auf der Homepage des ‚PG4'.

Die nächste Kneipe auf unserer Tour befindet sich im nördlichen Teil der Altstadt rund 50 Meter vom Mottlawa-Ufer entfernt und nennt sich ‚Degustatornia'. Das ‚Degustatornia' bietet zehn polnische Fassbiere an und kann noch dazu auf eine große polnische Craftbeer-Auswahl in den Kühlschränken verweisen. Keines der Angebote sprengt den preislichen Rahmen von drei Euro pro Bier. Dabei ist das Personal sehr gut über die Biere informiert und hilft gerne weiter. Ein großer Pluspunkt des ‚Degustatornia' ist der Biergarten, der im Sommer zu einem Bier bei Sonnenschein einlädt. Und selbst wenn das Wetter einmal nicht so prächtig sein sollte, kann man es sich auch in der Bar ganz prima gemütlich machen. Ich habe meinen Besuch im ‚Degustatornia' besonders deshalb genossen, weil es neben köstlichem Bier auch noch gute Unterhaltung gab. Direkt

---

21http://pg4.pl/en/beer

gegenüber der Bar befindet sich das ‚Happy7Hostel‘, sodass zwangsläufig immer ein paar Reisende anzutreffen sind, die die ein oder andere Geschichte zu erzählen haben. Oder vielleicht sogar Tipps zum Aufenthalt in Danzig geben können. Ansonsten trifft man im ‚Degustatornia‘ zumeist auf ein junges Publikum. In meinen Augen eine sehr schöne und lebhafte Kneipe mit leckerem Bier.

Was nun folgt, ist das sogenannte, über Danzig hinaus bekannte, magische Bierdreieck. Dieses befindet sich in der Lawendowa-Straße im Herzen der Altstadt und ist viel mehr als nur eine Ansammlung an guten Craftbeer-Kneipen. Mittlerweile bildet es das Zentrum des Danziger Nachtlebens und lockt alle Gäste, Söhne und Töchter der Stadt an und ist ein richtiger Hotspot geworden.

Die erste Ecke des magischen Dreiecks bildet das nach der Straße benannte, ‚Lawendowa 8‘. Mit einer Auswahl von satten vierzehn Fassbieren, die allermeisten davon polnisch, und zahlreichen weiteren Flaschenbieren bietet das ‚Lawendowa‘ für jeden Geschmack das richtige Bier. Die Atmosphäre in der Bar ist ziemlich locker. Allerdings muss man im Sommer gar nicht in die Bar. Das Geschehen spielt sich dann vor der Bar im Zentrum des Dreiecks ab. Also einfach mal ein Bier schnappen und rein in die Menge und wenn man möchte, findet man hier sofort einen netten Gesprächs- und Trinkpartner. Die nächste Ecke des Dreiecks befindet sich gleich nebenan und trägt den Namen ‚Cafe Lamus‘.

Das ‚Cafe Lamus‘ hat die mit Abstand beste und gemütlichste Einrichtung aller Kneipen, die ich in Danzig bisher gesehen habe. Hier steht die Zeit seit den 1970er Jahren scheinbar still und so laden die versunkenen Polster der fetzigen Sessel zum entspannten Rumhängen ein. Weiterhin gibt es neben einer guten Auswahl an normalem Bier und Craftbeer regelmäßig Veranstaltungen zur Bespaßung der Gäste. Besonders beliebt sind hier Quiznächte, die aufgrund des internationalen Publikums auch auf Englisch gehalten werden, sodass sie einem breiten Publikum zugänglich sind. In dieser Bar passt in meinen Augen alles. Ambiente, Bier Service und Publikum machen das ‚Cafe Lamus‘ zur Wohlfühloase. Die im übertragenen Sinne letzte Ecke ist das ‚Pulapka‘, zu Deutsch übrigens ‚Falle‘. Doch das ‚Pulapka‘ erinnert in keinem Fall an eine Falle. Im Gegenteil, der Laden ist nett eingerichtet und das Team ist sehr zuvorkommend und allzeit gut informiert. Rein biertechnisch bildet das ‚Pulapka' die Spitze des magischen Bierdreiecks. Hier gibt es die feinsten Tropfen der polnischen Craftbeer-Szene und dadurch sind regelmäßig neue Biere im Sortiment. Regelmäßig werden hier auch neue Biere von befreundeten Brauereien getestet.

Daraus hat das ‚Pulapka' nun die Idee kreiert, Verkostungen als Wettbewerbe zu labeln, sodass ein breiteres Publikum angesprochen wird. Ich hatte bei meinem Besuch das ungeheure Glück mit meinen Freundinnen/meinen Freunden in eine Verkostung mehr oder weniger reinzustolpern. Und ich muss sagen, dass es eine echt außergewöhnliche Erfahrung war, ein Premierenbier trinken zu dürfen. Doch genug zu meiner Erfahrung. Insgesamt merkt man einfach, dass hier Bierliebhaber am Werke sind und mit voller Passion ihren Laden betreiben. Diese Euphorie springt sofort auf die Gäste über und macht das ‚Pulapka' zu einer Topadresse in Danzig. Als Letztes möchte ich Ihnen das Event vorstellen, das entsteht, wenn sich alle drei Bars zusammenschließen. Das passiert zweimal jährlich, einmal im Sommer und einmal im Winter, und herauskommt das sehr beliebte Bierfestival. Bei diesem werden die anbietenden Brauereien sorgfältig ausgesucht und müssen mindestens eine Bierneuheit mitbringen.[22] Insgesamt kann man das Bierdreieck und die Lawendowa-Straße als Ganzes bei einem Besuch in Danzig nicht aussparen. Selbst ein Besuch am Nachmittag reicht, um einen Hauch des erfrischenden Flairs dieser Straße zu erhaschen.

CLUBS

Wer nach dem magischen Bierdreieck noch nicht genug hatte oder jetzt erst richtig in Fahrt kommt, dem empfehle ich einen der zahlreichen Nachtclubs, die zum Abfeiern einladen. In Bahnhofsnähe auf Innenstadtseite befindet sich der bekannteste Club Danzigs und sogar ganz Polens. Das ‚Parlament' bietet auf 1000 m[2] und drei Floors eine bunte Mischung aus elektronischen Klängen, erfrischender Livemusik und den besten Hip-Hop-Beats. Geöffnet ist von Donnerstag bis Samstag und jeden Abend werden andere Geschmäcker getroffen, sodass sich ein kleiner Vorab-Check empfiehlt. Wer nicht so gern das

22https://www.mojitopapers.de/craft-beer-danzig/

Tanzbein schwingt, kann sich auch ganz einfach vorab einen Tisch buchen, die Preise sind mit bis zu 40 Euro allerdings etwas teurer. Die Getränke vor Ort sind, wie üblich in Nachtclubs, etwas teurer als in Bars oder Restaurants und so kann man für ein Bier schon mal umgerechnet drei bis vier Euro am Tresen lassen.[23] Alles in allem ein echt erfrischender Club, allerdings etwas zu teuer.

Der nächste Club ist eigentlich nicht als solcher zu erkennen. Das Irish Pub im Keller des alten Rathauses sieht aus wie ein stinknormales Irish Pub wie sonst auch überall in Europa. Doch geht man etwas weiter in den Laden, bemerkt man, dass es hier ja auch eine kleine Bühne gibt. Auf dieser sieht man häufig kleine Liveacts, die das Publikum ordentlich in Fahrt bringen. Ein echter Bonus des Irish Pubs ist das preiswerte Bier. Hier gibt es Guinness und Kilkenny schon für den kleinen Taler. Ansonsten hat das Irish Pub, abgesehen von internationalen Gästen, nicht sonderlich viele Besonderheiten, die einen Besuch zwingend machen würden. Nichtsdestotrotz, ein netter Ort, um noch etwas Livemusik mitzunehmen.

23http://parlament.com.pl/english/

Der nächste Halt bringt uns in den ‚Autsajder – Klub Studencki' und wie Sie dem Namen entnehmen können, handelt es sich hier um einen Studentenclub. Der Club liegt im westlichen Teil der Innenstadt, also etwas näher an den Studentenwohnheimen der Universität Danzig. Tatsächlich ist das ‚Autsajder' der einzige Club in Danzig, der jeden Tag der Woche geöffnet hat. Wie der Name verrät, tummeln sich im Gewölbekeller des Clubs hauptsächlich Studenten, allerdings findet sich aber auch hier der ein oder andere jugendliche Tourist wieder. Mit zwei Billardtischen, zahlreichen gemütlichen Sitzgelegenheiten und einer geräumigen Tanzfläche erinnert der Club auch an einen typischen Studentenclub. Dennoch hat der Laden seinen Charme und mit dem richtigen DJ steppt hier richtig der Bär. Dadurch dass es sich um einen Studentenclub handelt, sind auch die Preise für Getränke hier absolut in Ordnung. Insgesamt ein Laden, den ich absolut empfehlen kann.

Der letzte Club meiner kleinen Auflistung befindet sich im Gebiet der alten Werft ganz in der Nähe des Solidarnosc-Zentrums. Der ‚Buffet Club' erinnerte mich etwas an einen Mini-Berghain. Mit seiner elektronischen Musik lädt der Club zum Stampfen bei postkommunistischer Atmosphäre ein. Doch unterscheidet sich der ‚Buffet Club' vom Berghain in der Klientel. Die Menschen im ‚Buffet' sind sehr offen und lassen sich gerne auf eine Unterhaltung bei Zigarette und Bier ein. Im Vergleich zu den anderen Clubs hat der ‚Buffet' das schlüssigste Konzept und einfach die originellste Location, sodass hier getrost abgefeiert werden kann. Die Danziger Clubszene ist eine der bekanntesten in ganz Polen und die Läden bieten für jeden Geschmack etwas an, sodass wirklich jeder auf seine Kosten kommt.

HOTELS UND HOSTELS

Selbstverständlich dürfen in einem guten Reiseführer auch die Unterkünfte nicht zu kurz kommen. Deshalb stelle ich sowohl für den prall gefüllten als auch den weniger prall gefüllten Geldbeutel Alternativen zum Bleiben vor. Beginnen möchte ich dabei mit dem, im vorherigen Kapitel bereits erwähnten, ‚Happy7Hostel'. Ein Doppelzimmer von Freitag bis Sonntag kostet 93 Euro, das macht pro Person pro Nacht gerade mal etwas über fünfzehn Euro. Das Hostel bietet für diesen Preis allerlei Komfort, beispielsweise den Transport vom Flughafen zum Hostel, eine Rund-um-die-Uhr besetzte Rezeption sowie eine voll ausgestattete Küche, in der man jederzeit freundliche andere Gäste antreffen kann. Darüber hinaus befindet sich das Hostel ganz in der Nähe des Mottlawa-Ufers und des Krantors. Diese Unterkunft würde ich auf jeden Fall eher partyhungrigen Besuchern empfehlen. Man kann jederzeit in sein Zimmer und das Haus trudeln, was durchaus auch die anderen Gäste machen, sodass es nachts hin und wieder zu einer leichten Unruhe kommen kann, klassisches Hostel-Feeling eben. Dennoch verfügt das Hostel trotz des niedrigen Preises über ein sehr gutes und umfangreiches Gesamtpaket. Ich war während meiner Zeit in Danzig selbst dort einquartiert und kann mich wirklich nicht beklagen.[24]

Das nächste Hotel hat bereits in der Altstadttour Erwähnung gefunden. Das Krolewski, auf der gleichen Insel wie der Danzig-Schriftzug, befindet sich im alten Königlichen Speicher gegenüber des Krantors und direkt am Ufer der Mottlawa und bietet vermutlich den schönsten und spektakulärsten Ausblick Danzigs. Das Hotel wird mit drei Sternen

---

24http://happy7.insta-hostel.com/

bewertet und das macht sich auch an den Preisen bemerkbar. Eine Nacht im Doppelzimmer kostet mindestens 75 Euro und ist damit eher nichts für den studentischen Kurztrip. Für den Preis bietet das Hotel allerdings auch eine wunderschöne Location. Die Zimmer sind modernisiert worden und fügen sich perfekt in den alten Backsteinspeicher ein. Auch dieser wurde restauriert und ist heute sehr gut erhalten. Das Gesamtpaket lebt aber definitiv von der Lage des Hotels, alle anderen Serviceleistungen sollten auf diesem Sterne-Niveau zu erwarten sein und sind nicht überzubewerten. Für mich handelt es sich um ein Hotel für eine Nacht, das man vor allem wegen der fantastischen Aussicht buchen kann.

Mein letzter Tipp bezüglich einer passenden Unterkunft, ist die Agentur ‚Dom&House Apartamenty‘. Die Website bietet zahlreiche Appartements in fast allen Stadtteilen zu unterschiedlichsten Preisen an. Auch für Gruppen mit mehreren Reisenden gibt es Unterkünfte, die groß genug sind. Ja nach Stadtteil und Besucherzahl variiert dann auch der Preis, wobei man auch in der Innenstadt ein Appartement zu zweit für rund 25 Euro die Nacht buchen kann. Die Website ist übersichtlich aufgebaut und man findet eigentlich sehr schnell eine passende Bleibe. Einziges Manko ist, dass die hier angebotenen Wohnungen auf dem Danziger Wohnungsmarkt fehlen, weshalb ich immer die Buchung eines Hotels oder Hostels vorziehen würde. Falls Sie nichts Passendes gefunden haben, gibt es in Danzig auch Hotels von allen renommierten Ketten wie Radisson Blu und Hilton.

Tipps, Tricks und Wissenswertes

Abschließend möchte ich Ihnen noch ein paar nützliche Informationen bezüglich der kulturellen Gepflogenheiten, der Anreise und des Verkehrs mit auf den Weg geben. Beendet wird dieses Kapitel und damit auch das Buch mit einem kleinen Fazit meinerseits.

Dass man in Osteuropa und in Polen insbesondere das angebotene Essen nicht ablehnt, ist den Meisten wohl bekannt. Gleiches gilt allerdings auch für den obligatorischen Wodka danach. Falls man denn gar nicht möchte, nippt man einfach, um dem Gastgeber ein gutes Gefühl zu vermitteln und Dankbarkeit zu signalisieren. In Sachen Trinkgeld ist man in Polen etwas großzügiger, üblich sind zehn bis fünfzehn Prozent des Gesamtpreises. Weiterhin sollte man niemals nach der Toilette fragen, vielmehr ist es angemessen und üblich zu fragen, wo man sich denn die Hände waschen kann. Wenn Sie dann vor der Toilette ratlos nach männlichen und weiblichen Figürchen auf den Türen suchen, erinnern Sie sich daran, dass der Kreis die Damentoilette und das Dreieck die Herrentoilette markiert. Grundsätzlich sollte man in Polen immer beachten, dass der Katholizismus ein wichtiger kultureller Baustein in der Identität des Landes ist. Und so sollte man es tunlichst vermeiden, sich despektierlich gegenüber der Kirche zu äußern. Aus gleichen Gründen ist es auch nicht gerne gesehen, sich komplett nackt zu zeigen. Im streng gläubigen Polen ist Nacktheit nichts für den Strand, sondern etwas sehr Intimes. Also falls Sie in Danzig an den Strand wollen: Bikini und Badehose nicht vergessen![25]

---

[25] https://www.das-polen-magazin.de/reise-knigge-polen/

Die Anreise nach Danzig kann über mehrere Wege erfolgen. Der unkomplizierteste ist mit Sicherheit die Anfahrt mit dem eigenen Auto. Danzig ist bis in die Innenstadt gut befahrbar, sodass man auch Hotels in der Altstadt gut erreichen kann. Die meisten Hotels und Appartements besitzen Parkplätze. Ganz im Gegensatz zu den meisten Attraktionen, auch denen, die außerhalb der Altstadt liegen. Da kann ich wirklich nur empfehlen, das eigene Auto stehen zu lassen und sich mit den öffentlichen Verkehrsmitteln fortzubewegen. Außerdem lernt man die Stadt in Bus und Bahn wesentlich besser kennen als im eigenen Auto. Neben dem Auto bietet sich auch eine Anreise mit dem Zug an. Der im Innenstadtbereich befindliche Hauptbahnhof wird von Zügen aus Frankfurt/Oder angefahren. Die Fahrt von Frankfurt dauert gute viereinhalb Stunden und kostet bei rechtzeitigem Buchen nur 30 bis 50 Euro. Die Anreise per Flugzeug eignet sich von Deutschland aus nicht, weder Berlin noch Frankfurt fliegen den Lech-Walesa-Flughafen direkt an, es gibt lediglich eine Route via Warschau nach Danzig. Diese dauert allerdings länger als die Zugfahrt und der Flughafen ist wesentlich weiter vom Stadtzentrum entfernt als der Bahnhof.

Der öffentliche Nahverkehr in Danzig ist außerordentlich gut ausgebaut und man erreicht jeden Winkel der Stadt. Außerdem ist er während der Rushhour schneller als das eigene Auto oder ein Taxi. Eine Einzelfahrt kostet nicht einmal einen Euro, eine Zeitkarte für eine Stunde genau einen und eine Tageskarte knapp drei.[26] Damit ist man immer mobil und muss sich noch dazu nie Gedanken um einen Parkplatz machen.

26https://www.danzig.info/touristeninformation/

Danzig, mein Danzig…

Für mich stand und steht eine Sache fest: Danzig, ich komme wieder. Bemerkenswerte Sehenswürdigkeiten, ein leichter Hauch von kommunistischem Flair, gutes Essen, noch besseres Bier und überaus freundliche Menschen. Nichts an dieser Stadt schreit nicht, komme wieder. Mein Trip nach Danzig war wirklich einer der schönsten Urlaube, die ich je unternommen habe. Besonders beeindruckt haben mich die historischen Denkmale, die an Kriege und Leid vergangener Zeiten erinnern und dennoch symbolisch für den Zusammenhalt einer ganzen Nation stehen. Gleichermaßen bin ich von der Geschichte Danzigs nach dem zweiten Weltkrieg angetan. Obwohl es beinahe komplett zerstört wurde, kann man heute, aufgrund des fleißigen Wiederaufbaus, wieder alle historischen Gebäude der Altstadt bewundern und die einzigartige Atmosphäre der Innenstadt genießen. Und ganz nebenbei gibt es noch eine überaus lebendige Bar- und Clubszene, die durch ihre weltoffenen und herzlichen Menschen zum gemeinsamen Feiern einlädt.

Doch Danzig hat noch mehr zu bieten. Ein perfekt ausgebautes Verkehrsnetz, das jeden Touristen an jedes Ziel bringt, macht auch etwas weiter entfernte Ziele für jedermann erreichbar. Darüber hinaus gibt es eine große, ja beinahe lächerlich große Auswahl an Restaurants, Cafés und Bistros, die gegenseitig, sehr zum Vorteil des Touristen, für sich das „frischeste und lokalste" Essen beanspruchen. Weiterhin kann Danzig auch eine gut ausgebaute Hotelbranche sein Eigen nennen, sodass jeder Tourist eine passende Bleibe finden sollte.

Abschließend kann ich mich eigentlich nur wiederholen: Danzig hat es geschafft, sich innerhalb eines Wochenendes einen Platz in meinem Herzen zu sichern und so weiß ich schon jetzt, dass mich mein Weg eines Tages zurück in diese wundervolle Stadt führen wird.

Ich hoffe, ich konnte Ihnen bei Ihrer Urlaubsplanung helfen, sodass sich jetzt nur noch die Frage stellt, wann es in den Urlaub geht, und nicht mehr wohin.

Packliste

Geld & Finanzen

O (evtl.) Auslandswährung
O Bargeld
O Bauchtasche
O Brustbeutel
O Bauchtasche
O EC-Karte
O Kreditkarte
O Notfall-Telefonnummern der Banken
O Portmonee

Hygiene

O Haarbürste / Kamm
O Deo (klein)
O Shampoo
O Kulturtasche
O Sonnencreme
O Taschentücher

O Reise-Zahnbürste und Zahnpasta
O Verhütungsmittel

Kleidung

O Badeklamotten
O Gürtel
O Hosen kurz / lang
O Mütze / Cap / Hut
O Pullover
O Regenjacke
O Schlafanzug
O Socken
O Sonnenbrille
O Sportklamotten / Jogginghose
O T-Shirts
O Unterwäsche

Medikamente

O Blasenpflaster
O Anti-Durchfalltabletten
O Erste-Hilfe-Set

O Fiebertabletten

O Fiebertabletten

O Mückenschutz

O sonstige Medikamente

O Pflaster

O Kopfschmerztabletten

Unterlagen & Papiere

O ADAC Unterlagen

O Adresslisten für Postkarten

O Krankversicherungsnachweis

O Stadtplan

O Führerschein

O Unterlagen für die Unterkunft

O Wasserdichte Hülle für Reiseunterlagen

O Impfausweis

O Mietwagenunterlagen

O Personalausweis

O Reisepass

O Reisetagebuch

O evtl. Studentenausweis

O evtl. Visum
O Zug- / Bahn- / Flugticket

Taschen & Rucksäcke

O Koffer / Trolley / Reisetasche
O Regenhülle für Rucksack
O Rucksack

Schuhe

O Badeschlappen / Hausschuhe
O Schuhe und Wechselschuhe

Sonstiges

O Brille / Kontaktlinsen und Etui
O Buch zum Lesen
O Ohrenstöpsel und Schlafmaske
O Regenschirm
O Reisedecke
O Wasserflasche
O Wörterbuch

Elektronik

O Digitalkamera

O Handy

O Ladekabel

O Kopfhörer

O evtl. Steckdosenadapter

O Power-Bank

Herstellung und Verlag:

BoD – Books on Demand, Norderstedt

ISBN: 9783751970983

1. Auflage

Kontakt: Psiana eCom UG/ Berumer Str. 44/ 26844 Jemgum

Covergestaltung: Fenna Larsson

Coverfoto: depositphotos.com

FSC
www.fsc.org

MIX

Papier aus ver-
antwortungsvollen
Quellen
Paper from
responsible sources

FSC® C105338